Urs Trüb-O'Hara

Hoffnungsträger

Herstellung und Verlag: BoD – Books on Demand, Norderstedt

ISBN: 978-3-751918114

Urs Trüb-O'Hara (Herausgeber)

Hoffnungsträger

Persönlichkeiten, Biografien,
Hilfsorganisationen und mehr

Einen herzlichen Dank an alle Buchverlage,
die jedes Jahr den Mut haben,
neue Biografien auf den Markt
zu bringen.

Liebe Leserin, lieber Leser

HoffnungsträgerInnen sind für mich Persönlichkeiten, welche Dutzenden, Hunderten, Tausenden oder Hundertausenden von Frauen und Männern durch ihren Einsatz den Glauben an eine lebenswerte Zukunft schenken konnten und können.

Auch Sie können eine Hoffnungsträgerin / ein Hoffnungsträger sein. Sie schütteln vielleicht den Kopf. Weil Sie denken: „Wie soll das gehen?"

Denn ich habe

- kein Geld
- keine Ausbildung für diese Arbeit
- keine besonderen Beziehungen
- bin schon zu alt"

Nach diesem Buch werden Sie mir recht geben. Denn ich stelle Ihnen Menschen vor, die obwohl sie obige Gründe auch hätten nennen können, zu HoffnungsträgerInnen für unzählige Mitmenschen wurden.

Es braucht jedoch nicht nur HoffnungsträgerInnen mit ihren Mitarbeiterinnen und Mitarbeitern. Wichtig sind auch Personen, welche die Projekte dieser Persönlichkeiten unterstützen. Sei es mit Geld oder mit Sachspenden

Dieses Buch entstand im Rahmen der Ausstellung „Hoffnungsträger" für das Stadtfest „Schliere lacht". Die reformierte Kirchgemeinde Schlieren ermöglichte es mir, Menschen vorzustellen, welche die Not und die Hoffnungslosigkeit von Mitmenschen sahen und ihr Leben für diese einsetzten.

Ich wünsche Ihnen viel Freude beim Lesen der Portraits. Ebenso die Erkenntnis, dass es Menschen gibt, die als Einzelpersonen die „Fackel der Hoffnung" in die „dunkelsten Ecken der Erde" tragen und dort sehr viel Positives bewirken können.

Sie werden Tipps für Biografien finden, in denen die faszinierenden Lebensgeschichten der HoffnungsträgerInnen zu finden sind.
Und wer weiss, vielleicht werden auch Sie zu einer solchen Persönlichkeit.

Urs Trüb-O'Hara

Inhaltsverzeichnis

Hoffnungsträgerinnen von A-Z

Rosi Gollmann

Nachhaltige Hilfe für Millionen Menschen ermöglicht

Die Hoffnungsträgerin hat „Hilfe zur Selbsthilfe" in Indien umgesetzt, als andere Organisationen Notleidenden „nur" Lebensmittel verteilten.

Sie gab ausgegrenzten Personen wie Leprakranken, Ureinwohnern, Behinderten und Kastenlosen ihre Menschenwürde zurück. Diese wurden dank ihr und ihrem Team befähigt, ihre Rechte einzufordern.

Durch diverse Projekte blühten ganze Dörfer auf und entwickelten sich.

Mädchen und Knaben, die als Sklaven in Steinbrüchen und Fabriken schuften mussten, wurden befreit. Danach konnten sie zur Schule gehen und einen Beruf erlernen.

Rosi Gollmann und ihre Helferinnen und Helfer (wie sie selbst immer wieder und mit Nachdruck betont) haben erreicht, dass Zigtausende Heimkinder zu ihren Familien zurückkehren konnten.

In Bangladesch initiierte Rosi Gollmann ein Projekt, dass einer Million Menschen eine Augenoperation ermöglichte und gab ihnen damit ein neues Leben.

(Quelle: Biografie von Rosi Gollmann "Einfach Mensch")

Webseite Hilfsorganisation: www.andheri-hilfe.de

Länder: Indien und Bangladesch

Biografie: „Einfach Mensch"

ISBN Buch: 978-3-442-15778-5

ISBN E-Book: 978-3-641-09075-3

Rosie Swale Pope

Einmal um die ganze Welt laufen

Mit 57 Jahren – ohne Begleit-Team – ist Rosie Swale Pope 32'000 km gerannt, um damit anderen Menschen helfen.

Ein tragisches Ereignis war der Antrieb zu dieser verrückten Idee. Ihr Mann starb an Krebs. Mit dem Geld, dass sie erlaufen hat, fördert sie die Krebsfrüherkennung sowie ein Waisenhaus in Russland und weitere karitative Organisationen. Insgesamt kamen über eine halbe Million Euro zusammen.

Rosie Swale Pope wählte für ihr Vorhaben nicht den einfachsten Weg. Im Gegenteil! Nach der relativ ungefährlichen und „einfachen"

Strecke durch verschiedene Staaten Europas folgte der Lauf quer durch ganz Sibirien.

Es sind Gegenden, die durch die Bücher von Alexander Solschenizyn («Archipel Gulag»), über die stalinistischen Schreckenslager, bekannt wurden. Die Wärme der Menschen Sibiriens, oft Nachfahren von ehemaligen Häftlingen, halfen ihr, die Strapazen leichter zu ertragen. Noch weit härter wurde für Rosie Swale Pope allerdings der Weg durch Alaska.

Nach fünf Jahren, 29 Heiratsanträgen, 32'000 Kilometern Wegstrecke und 53 Paar durchlaufenen Schuhen kehrte Rosie Swale Pope von ihrer Weltumrundung in ihre Heimat zurück.

Danach durchquerte sie rennend die Vereinigten Staaten von Amerika. Aktuell ist sie – mit 73 Jahren – zu Fuss auf dem Weg nach Kathmandu.

(Textquellen: Buch der Autorin „Mein längster Lauf" und ihre Webseite. Bildquelle:© Alastair Heap)

Buch: „Mein längster Lauf"

ISBN E-Book: 978-3-95910-169-1

Webseite: www.rosieswalepope.co.uk

Tony Rinaudo

Der Mann, der Wüsten in Afrika «besiegt»

Tony Rinaudo, ein Agrarexperte, versuchte im Rahmen eines Missionsprojektes im Niger Bäume zu pflanzen. Trotz enormem zeitlichen und finanziellen Einsatz scheiterten seine Bemühungen. Dann geschah ein Wunder.

Als Tony Rinaudo gerade aufgeben wollte, entdeckte er riesige „unterirdische Wälder". Er stellte fest, dass grüne Pflanzen am Strassenrand, die er für nutzloses „Kraut" gehalten hatte, Triebe von scheinbar „toten" Bäumen waren. An der Oberfläche sah man kaum etwas, aber das Wurzelwerk lebte unter dem Sand der Sahara weiter.

Richtig beschnitten entwickelten sich gewisse Triebe im atemberaubenden Tempo.

Bereits nach drei Jahren wuchsen in einem Land aus kümmerlichen Stämmchen fünf Meter hohe Bäume. Nicht alle Arten entwickelten sich so rasch, aber wenn man die Triebe vor den Tieren schützte und sie richtig beschnitt, brachte man auch sie zum Wachsen.

Die ersten Erfolge gelangen dem „Superman", wie er auf einer Webseite von World Vision genannt wird, in der Halbwüste des Niger. Bis heute wuchsen dort auf einer Fläche von 50.000 km² Land über 200 Millionen Bäume.

Auch in lebensfeindlicheren Landschaften brachte die Methode von Tony Rinaudo Erfolg. Bis jetzt wird die Methode FMNR (Farmer Managed Natural Regeneration) in 24 afrikanischen Staaten angewandt.

(Textquellen: Webseite World Vision, Biografie „Tony Rinaudo – Der Waldmacher" – Bildquelle: © Silas Koch/World Vision)

Webseite Hilfsorganisation:
www.worldvision.de/informieren/themen/umweltschutz/alternativer-nobelpreis-tony-rinaudo

Biografie: „Der Waldmacher"

ISBN Buch: 978-3-906304-18-2

ISBN E-Book: 9783906304458

Donald und Deyon Stephens

Mit Schiffen Hoffnung und Heilung bringen

Don Stephens hatte einen Traum, er wollte mit einem schwimmenden Spital den Ärmsten der Welt eine gute ärztliche Versorgung ermöglichen. Zusammen mit seiner Ehefrau Deyon gründete er in Lausanne Mercy Ships.

1978 wurde der Traum Wirklichkeit. Mithilfe eines Kredits wurde für 1 Million Dollar die M/S Victoria, ein ausgemustertes Kreuzfahrtschiff gekauft und nach internationalen Standards zu einem schwimmenden Spital umgebaut. Vier Jahre später war der Stapellauf des in Anastasis umbenannten Schiffes. Das erste Mercy Ships brachte Hoffnung in die ärmsten Gegenden der Welt.

Seit der Gründung von Mercy Ship haben vier Schiffe insgesamt 594 Häfen in 56 Entwicklungsländern angelaufen. Die Freiwilligen, dieser christlichen Organisation, haben in Entwicklungsländern Dienstleistungen und Materialien im Wert von über 1,53 Milliarden US-Dollar erbracht.

Über 2,7 Millionen Personen haben Hilfe in Anspruch nehmen können. Die Helferinnen und Helfer führten über 95'000 kostenlose Operationen durch. Es gab eine halbe Million zahnärztliche Behandlungen. 6'000 Personen wurden ausgebildet und 42'000 lokale Fachleute in ihren Fachgebieten geschult.

Abgeschlossen wurden über 1'000 Infrastrukturentwicklungs- und Landwirtschaftsprojekte. Für die Hilfsorganisation Mercy Ship arbeiten auf der ganzen Welt 1'600 ehrenamtliche Helferinnen und Helfer.

Das bisher grösste Schiff der Flotte, die Africa Mercy hat in ihrem Unterdeck fünf Operationssälen, Aufwachstationen mit 82 Betten, einem CT-Scanner, ein Röntgengerät und ein Labor. Die freiwillige Crew der Africa Mercy besteht aus mehr als 400 Freiwilligen aus über 45 Nationen.

Ein Meilenstein ist die Inbetriebnahme eines weiteren Schiffes. Dieses wird über 154 Krankenhausbetten verfügen und damit wesentlich grösser sein, als alle bisherigen Schiffe.

(Textquelle: Wikipedia und Webseite der Hilfsorganisation. Bildquelle: Mercy Ship)

Webseite Hilfsorganisation: www.mercyships.ch

Nick Vujicic

„Wenn ich alles tun kann, ohne Beine und Arme zu haben, dann kannst Du es auch!"

Nicholas „Nick" Vujicic ist ohne Beine und Arme aufgewachsen. Dies machte ihm so zu schaffen, dass er sich mit acht Jahren das Leben nehmen wollte. Die Wende kam, als er an Gott zu glauben begann.

Heute ist Nick Vujicic ein Mutmacher, wie man sie selten antrifft. Vor unzähligen Menschen hat Nick von der Liebe Gottes für sie erzählt.

Er ist überzeugt davon, dass jede Person, egal was für eine Lebensgeschichte sie mitbringt, die Möglichkeit hat, ihre Träume zu verwirklichen. Er selber beweist dies durch sein Leben. Nick Vujicic ist verheiratet und hat vier Kinder.

Ob Schwimmen, Surfen, Fallschirmspringen, Golfen oder eine andere Sportart, - er ist dabei. Er lebt in den USA und hat schon Motivationstouren nach Australien sowie in Länder Asiens und Europas gemacht.

Von Nick Vujicic stammen ein paar Bücher, man findet ihn auf youtube, wikipedia und er ist in einem beeindruckenden Film („The Butterfly Circus") zu sehen.

(Textquellen: Webseite, Biografie "Mein Leben ohne Limits")

Webseite Hilfsorganisation: www.lifewithoutlimbs.org

Biografie: „Mein Leben ohne Limits"

ISBN Buch: 978-3-7655-1119-6

ISBN E-Book: 9783765570247

Stella Deetjeen

Mit 100 Dollar Startkapital eine Strassenklinik planen

Stella Deetjeen, die später in Rom Fotografie studieren wollte, besuchte Indien. Sie stellte fest, dass es die Bettler und Lepra-Kranken in diesem Land besonders schwer haben. Es gab keine Wohnungen für sie, kaum zu essen und keine Rechte. Sie litten unter katastrophalen hygienischen Zuständen. Medizinische Versorgung fehlte für diese Menschen völlig. Frauen wurden oft vergewaltigt.

Stelle Deetjen verbrachte, nachdem ihr ein „Unberührbarer" geholfen hatte, Tag und Nacht mit diesen Menschen. 100 Dollar waren ihr Startkapital für die Gründung einer Strassenklinik. Später entstand mit Hilfe ihres Bruders die Hilfsorganisation „back-to-life".

Parallel zu ihrer Arbeit in Indien begann sie ihre Tätigkeit im Distrikt Mugu in Nepal. Dort ist die Armut unvorstellbar gross. Hier erreichte sie, dass die Mütter- und Kindersterblichkeitsrate stark sank und Kindern eine Schulbildung ermöglicht wurde.

Durch Einsatz von Solaranlagen soll das Abholzen des Waldes gestoppt werden. Mit Mikrokrediten möchte man Familien die Gründung von Kleinunternehmen ermögliche. Das Hilfswerk leistet medizinische Hilfe durch Geburtshäuser und Health Camps.

(Textuelle: Webseite "back-to-life", Biografie "Unberührbar")

Webseite Hilfsorganisation: www.back-to-life.org

Biografie: „Unberührbar"

ISBN Buch: 978-3-596-19516-9

ISBN E-Book: 978-3-10-402033-4

Martin Aufmuth

Das „EinDollarBrille-Projekt" schenkt Tausenden von Menschen ein neues Leben

2010 las Martin Aufmuth in einem Buch, dass es eine Brille geben müsste, welche sich auch arme Menschen kaufen könnten. In einem Laden fand er unerwartet eine Brille, die nur einen Euro kostete. Er fand es ungerecht, dass Europäer eine solche Brille kaufen können, aber Menschen in Afrika nicht.

2010 begann der Mathematik- und Physiklehrer mit der Entwicklung der EinDollarBrille.

Nach vielen Materialtests war es zwei Jahre später so weit: Martin Aufmuth konnte in Uganda eine Maschine, die ohne Strom auskam, zu einem Praxistest nutzen.

Ihm war es von Beginn an ein grosses Anliegen, dass die Menschen an Ort, die Brillen selber herstellen und vertreiben können. Deshalb bildete er das erste einheimische „Produzenten-Team" aus.

In kurzer Zeit gelang es diesem Team, 500 Menschen mit einer Sehhilfe zu versorgen. Inzwischen fahren Gruppe in die entlegensten Orte, um den Menschen durch die Brillen ein „neues Leben" zu schenken. Mit dem Lohn können die Gläserhersteller und die „Optiker" ihre Familien ernähren.

Die Vision des EinDollarBrillen-Teams lautet:
Dank den Sehhilfen sollen 150 Millionen Menschen wieder zur Schule gehen oder einer Arbeit nachgehen können.

Webseiten:

www.martinaufmuth.de

www.eindollarbrille.de

www.onedollarglasses.ch

Zahai Röschli

Ein Teenager gründet ein „Schweizer-Dorf" in Addis Abeba

Das Ehepaar Röschli adoptierte mehrere äthiopische Kinder. Die älteste Adoptivtochter sah in der Schweiz einen Film über die Hungersnot in ihrer alten Heimat. Dieser Bericht erschütterte sie so sehr, dass sie 1985 nach Äthiopien ging, um dort ein Heim für 28 elternlose Kinder zu eröffnen.

Was mit einem Haus begann, das wurde dank ihrem Vater David Röschli zu einem grossen „Schweizer-Dorf" in der äthiopischen Hauptstadt.

Ganz nach dem Motto „Aufnehmen, Ausbilden, Zukunft geben" ist die Arbeit im „Selam" (Frieden) aufgebaut.

Zum „Dorf" gehören inzwischen ein Kinderheim für 400 Mädchen und Knaben. Die Tagesschulen besuchen 3000 Schüler. In Ausbildungszentren bekommen 500 Lehrlinge das Rüstzeug zu einer erfolgreichen Karriere. In der Tagesklinik können 60 – 80 Patienten aufgenommen werden. Für die bedürftigen Familien in der Umgebung des Selam-Dorfes ist ebenfalls gesorgt. Dazu gehören Schulstipendien, Schulmaterial, freier Klinikzugang und kostenlose Zahnbehandlungen.

Freiwillige Mitarbeiterinnen und Mitarbeiter aus der Schweiz kommen immer wieder nach Äthiopien und vermitteln ihre Berufserfahrungen weiter. Zahai Röschli ist inzwischen im „Schweizer Dorf" in der äthiopischen Hauptstadt zur „Mutter" aller dort lebenden Kinder geworden.

Webseite Hilfsorganisation: www.selam.ch

Zahlreiche Bücher über die Hilfsorganisation sind über den Internet-Shop erhältlich.

(Textquelle: Webseite des Selam Kinderhilfswerks und Selam Freundesbrief - Februar 2019)

Klaus-Dieter und Martina John

Ein modernes Spital für die Quechua-Indianer in den Anden

1991 bereiste das Ehepaar John als Rucksacktouristen das peruanische Hochland. Der Chirurg und die Kinderärztin sahen die grosse Armut und die medizinische Unterversorgung der lokalen Bevölkerung.

Da fassten sie den Plan, eines Tages dort ein Spital zu errichten. Trotz enormen Widerständen begannen sie mit dem Bau. Immer wieder drohte das Ganze zu scheitern. Mal fehlte es an Geld, mal machten ihnen Bürokratie und Korruption das Leben schwer.

Doch der «Fels», auf dem Klaus Dieter John und seine Frau bauten, war stets Gott. Dieses Fundament trug sie und sorgte immer wieder für Wunder.

2007 wurde das Krankenhaus „Diospi Suyana" eröffnet. Dank „Diospi Suyana" hat sich das Leben in dieser Gegend enorm verbessert. Die Menschen haben nun ein Spital nach westlichen Massstäben, inklusive Operationssälen, Intensivstation, Zahn- und Augenklinik.

Seit der Gründung wurden über 200'000 Patienten behandelt. Manchmal bis 150 Patienten pro Tag. Diese bezahlen nur so viel, wie es ihnen möglich ist. Den Rest übernimmt ein Wohltätigkeitsfonds.

(Textquelle: Michael Schmidt/Der Tagesspiegel, Wikipedia und Webseite „Diospi Suyana)

Webseite Hilfsorganisation: www.diospi-suyana.de

Biografie: „Ich habe Gott gesehen"

ISBN Buch: 978-3-7655-1757-0

Biografie: „Gott hat uns gesehen"

ISBN: 978-3-7655-1757-0

ISBN E-Book: 978-3-7655-7053-7

Gritli Schmied

In Indien - mit wenig Geld sehr vielen Menschen helfen

Gritli Schmied wuchs in St. Gallen in bescheidenen Verhältnissen mit sieben Geschwistern auf.
Nach ihrer Heirat reiste sie nach Brasilien, um mit ihrem Mann eine Kaffeeplantage zu eröffnen. Wirtschaftliche Gründe zwangen sie zu einer Rückkehr in die Schweiz.

Die Erfahrungen und einschneidenden Erlebnisse, die ein Leben unter kargsten Bedingungen mit sich bringen, halfen ihr bei den späteren Projekten in Indien sehr.

Auf einer gewonnenen Weltreise sah sie das Elend der Strassenkinder in Kalkutta. Sie beschloss diesen zu helfen. Obwohl sie sehr wenig verdiente, sparte sie über Jahre eisern für dieses Ziel. Mit mehreren Koffern gefüllt mit Hilfsgütern und viel Liebe für die Bedürftigen reiste Gritli Schmied ein zweites Mal nach Indien.

Nach der Rückkehr in der Schweiz berichtete sie über ihre Erlebnisse. Ihre Schilderungen waren so eindrücklich, dass immer mehr Personen sie unterstützten.

Was mit einem Waisenhaus begann, entwickelte sich mit den Jahren zu einem mittelgrossen Hilfswerk. Ein Werk, das unzähligen Menschen Leben, Mut, Zuversicht, Gesundheit, Bildung, eine Zukunft und Wertschätzung gebracht hat. Sei es im Altersheim für arme Leute ohne Familie, in Waisenhäusern, beim Bau von Wasserpumpen für eine ganze Region, bei Besuchen des Teams von Krankenschwestern in den Dörfern usw.

(Textquelle: Stiftung Indienhilfe)

Webseite Hilfsorganisation: www.stiftung-indienhilfe.ch

Biografie: „Büffelmilch und Fladenbrot"

ISBN Buch: 978-3-8423-9808-5

Monika Hauser

Traumatisierten Frauen die Würde zurückgeben

Monika Hauser setzte sich schon als Kind für Menschrechte ein. Auch in Ausbildung zur Ärztin musste sie sich immer wieder dafür einsetzen, dass die Anliegen von Frauen von männlichen Kollegen ernst genommen werden.

Im Bosnien-Krieg wurde in den Medien viel vom Frontverlauf und von den Flüchtlingen berichtet. Monatelang verschwiegen werden dagegen die Massenvergewaltigungen. Die Täter liessen Frauen und Mädchen zurück, deren Seelen und Persönlichkeit tief verwundet waren. Monika Hauser wollte helfen, aber weder staatliche noch private Hilfsorganisationen zeigten Interesse.

Da fuhr die Ärztin unter Lebensgefahr ins Kriegsgebiet und gründete »medica mondiale« eine Hilfs- und Menschenrechtsorganisation von Frauen für Frauen.

Da sexualisierte Gewalt in fast allen Konfliktgebieten zur strategischen Kriegsführung benutzt wird, ist „medica mondiale" heute in vielen Ländern der Welt aktiv.

Für ihr Engagement nahm Monika Hauser zahlreiche Auszeichnungen entgegen, unter anderem auch den Alternativen Nobelpreis.

(Textquelle: Biografie von Chantal Louis „Monika Hauser")

Webseite Hilfsorganisation: www.medicamondiale.org

Biografie: „Monika Hauser"

ISBN: 978-3-8321-6121-7

Roger Federer

Ein Herz für Afrikas Kinder

Roger Federer, den sympathischen und überaus erfolgreichen Tennisspieler, kennt fast jeder.

Nur sehr wenige wissen jedoch, dass er sich mit grossem Engagement für die Kinder in Afrika einsetzt. Auf der Webseite seines Hilfswerkes «Roger Federer Foundation» äussert er sich dazu wie folgt:

«Ich glaube an die Kraft und die Fähigkeiten der Menschen. Es braucht manchmal nur etwas Starthilfe. Bildung befähigt Kinder, ihre Zukunft selbst in die Hand zu nehmen und aktiv mitzugestalten. Und wir sind davon überzeugt, dass alle Eltern für ihre Kinder die bestmöglichen Chancen ermöglichen möchten. Daher unterstützt meine Stiftung seit 15 Jahren Eltern und lokale Bevölkerungsgruppen in den Bemühungen, ihren Kindern eine Chance auf gute Bildung zu bieten.»

Die Roger Federer Foundation unterstützt Bildung in der Region des südlichen Afrikas und in der Schweiz.

Vor kurzem hat das Hilfswerk das sehr hohe Ziel erreicht, einer Million Kindern eine qualitativ gute Bildung zu ermöglichen.

(Textquelle: Webseite «Roger Federer Foundation»
Bildquelle: Roger Federer Foundation - Jens Honoré)

Webseite Hilfsorganisation: www.rogerfedererfoundation.org

Uschi Glas

Jedes Schulkind benötigt ein gutes Frühstück

Uschi Glas ist eine Schauspielerin, die ihre Rollen mit viel Herz gespielt hat. Nur wenige wissen, dass sie auch sozial sehr engagiert ist.

Sie hörte im Radio, dass alleine in ihrer Lieblingsstadt München täglich 3'000 Kinder hungrig in die Schule gehen müssen. Da sie diese grosse Zahl nicht glaubte, schickt sie an 135 Schulen ein Fax, mit der Bitte, ihr mitzuteilen, ob viele Schülerinnen und Schüler „ohne Frühstück mit Bauch" kommen.

Ein grosser Teil antwortet ihr: "Ja, wir haben zahlreiche Kinder die zu Hause kein Morgenessen erhalten." Die Lehrpersonen wünschen sich Zwieback, da viele Mädchen und Knaben unterzuckert und müde zum Unterricht erscheinen.

Die Rückmeldungen erschüttern Uschi Glas. Zuerst bringen sie und ihr Mann Lebensmittel. Bald muss sie erkennen, dass es in dieser Situation grössere Anstrengungen braucht. Sie sucht Lebensmittelspender und „helfende Hände". Als rechtliche Basis gründet Uschi Glas den Verein «brotZeit».

Heute engagieren sich über 1'000 Seniorinnen und Senioren in ganz Deutschland für die Kinder. Ohne diese Hoffnungsträger hätten viele Mädchen und Knaben den ganzen Tag nichts zu essen. Die Rentner geben den Kindern nicht nur Nahrung, sondern stehen ihnen auch sonst mit Rat und Tat zur Seite. Uschi Glas ist auch heute noch mit grossem Einsatz für den Verein atkiv.

(Textquelle: Biografie „Herzenssache")

Webseite Hilfsorganisation: www.brotzeitfuerkinder.com

Biografie: „Herzenssache"

ISBN: 978-3-86334-083-4

Hannes Schmid

Schweizer Know-how für Kambodscha

Hannes Schmid hat 2012 mit Dominique Ruetimann „Smiling Gecko"
gegründet.

Eine Auswahl von Projekten der Hilfsorganisation:

VILLAGE SCHOOL PROJECT (Schule und Ausbildung)
2015 wurde durch „Smiling Gecko" eine Schule renoviert. 2017
entstand in Kooperation mit der ETH Zürich und der PH Zürich eine
Schule für 1000 Schüler mit Modellcharakter für das
kambodschanische Schulsystem.

AGRICULTURE FAMILY PROJECT (Landwirtschaft)
12 Familien erwirtschaften hier ihren Lebensunterhalt. Im nahegelegenen Dorf produzieren 300 Bauer mit fachlicher und finanzieller Unterstützung des Hilfswerks Produkte.

FARMHOUSE SMILING GECKO (Tourismus)
Auf dem Farmgelände hat es ein Guesthouse. Hier arbeiten 20 Leute in der Gastronomie und Hotellerie.

SMILING GECKO CARPENTY (Handwerk): Seit 2016 gibt es eine Schreinerei mit 15 Arbeits- und Ausbildungsplätzen.

INDUSTRIAL EDUCATION & TRAINING CAMPUS SMILING GECKO (Gewerbe)
Über Kooperationen mit renommierten nationalen und internationalen Unternehmen, möchte „Smiling Gecko" weitere Gewerbebetriebe auf dem Cluster-Areal ansiedeln. Das schafft neue Arbeitsplätze zu fairen Löhnen und Bedingungen und bietet gleichzeitig Aus- und Weiterbildungen an.

(Textquelle: Webseite von Smiling Gecko)

Webseite der Hilfsorganisation: www.smilinggecko.ch

Lea Ackermann

34 Jahre Solidarität mit Frauen in Not

Lea Ackermann hatte weder Geld noch ein Büro, als sie 1985 mit ihrer Arbeit in Kenia begann. Der Bischoff von Mombasa schenkte ihr als „Startkapital" ein leeres Lagerhaus. Durch einen Freundeskreis unterstützt und mit Hilfe einiger Frauen gründete die Ordensschwester ihr Hilfswerk „SOLWODI"- SOLidarity with WOmen in DIstress – Solidarität mit Frauen in Not.
Heute ist „SOLWODI" in Deutschland, Kenia, Österreich, Rumänien und Ruanda aktiv.

Im Buch „In Freiheit leben, das war lange nur ein Traum" umschreiben die Mitautorinnen Mary Kreutzer und Alicia Allgäuer Schicksale von betreuten Frauen.

Viele erreichen Deutschland auf dem Landweg durch die Sahara, mit dem Bus durch Osteuropa, im Flugzeug aus Lateinamerika oder Asien. Manche kommen voller Hoffnung und Träume. Ein neues Leben sollte beginnen; selbstbestimmt und voller Überraschungen. - Es kommt anders.

Andere kommen mit Schmerz und Trauer im Gepäck. Sie haben ihre Liebsten verloren und konnten nur noch ihr Leben retten. Weitere wurden von Menschenhändlern verkauft oder als Kinder mit alten deutschen Männern verheiratet.

Gemeinsam ist den Frauen, dass sie eine der folgenden Lebenssituationen erleiden mussten: Sie wurden durch Zuhälter, Freier oder Ehemänner unterdrückt, erlebten Arbeitslosigkeit, Armut und/oder politische Unterdrückung durch repressive Regime. In Europa setzt sich „SOLWODI" unabhängig und überkonfessionell für Frauen ein, die in Not geraten sind. Bei den Beratungsstellen erhalten sie Auskünfte und Betreuung. Bei Bedarf werden sie in Schutzwohnungen untergebracht, bekommen Hilfe bei der Integration oder werden bei der Rückkehr in ihre Heimatländer unterstützt.

(Textquelle: Webseite und Biografie)

Webseite Hilfsorganisation: www.solwodi.de

Biografie: „In Freiheit leben, das war lange nur ein Traum"

ISBN: 978-3-466-30878-1

Thomas Alder

„Teenranch Lepsa" – das Ferienparadies für Kinder und Jugendliche in Rumänien

Wenn es die Teenranch nicht gäbe, man müsste sie erfinden. Ein ruhiger, abgelegener Standort mit vielen Sportmöglichkeiten. Dies in einer unberührten Landschaft. Ein Haus für Kinder und Jugendliche, die selber «richtige» Ferien nie kennengelernt haben.

Als Thomas Alder mit einigen Leitern der Jungschar Rorbas-Freienstein Rumänien besucht, sind sie vom Elend der Kinder betroffen. Sie entwickeln die Vision, Kinderlager in Rumänien durchzuführen.

1991 dient ein Gewinn von 15'000 Fr. eines Wettbewerbs als Startkapital für das Projekt „Kinderlager Rumänien". Seit 1992 werden in Lepsa (Ostkarpaten) regelmässig Lager durchgeführt.

In Zusammenarbeit mit der „Teen Ranch Schottland", einer Organisation, die seit vielen Jahren im Bereich christlicher Kinder- und Jugendlager tätig ist, entsteht ein Lagerhaus, welches jährlich 500 bis 800 Kinder beherbergt.

Thomas Alder, der Visionär und Gründer der "Teenranch Lepsa", schreibt unter anderem:

„In der herrlichen Natur erleben rumänische Kinder Abenteuer, eine wunderbare Gemeinschaft bei Spiel und Sport. Zusätzlich hören sie täglich die beste Botschaft dieser Welt: Von einem Gott der Liebe und Hoffnung, auch in schwierigen Umständen."

(Textquelle: Webseite „Teenrach Lepsa"

Webseite Hilfsorganisation: www.teenranch.ch

Thomas Kellenberger

Ein Leben für die Strassenkinder auf den Philippinen

Während seines Aufenthaltes 2007 auf den Philippinen lernte der
Polizist Thomas Kellenberger das harte Leben der Strassenkinder
von Cagayan de Oro kennen.

Er begleitete die Mädchen und Knaben eine Zeit lang in ihrem Alltag.
Mit vier Patenkindern gründete er nach seiner Rückkehr in die
Schweiz das Hilfswerk «Island Kids Philippines».

Als Startkapital verkaufte er sein Motorrad.

Die Ziele des Hilfswerkes: «In einer Welt voller Elend und Ungerechtigkeit soll eine Gemeinde entstehen, in welcher schutzbedürftige, von der Gesellschaft längst fallengelassene Kinder und Jugendliche sowie land- und besitzlose Familien endlich ein Zuhause finden und Geborgenheit erfahren.
Alle Kinder sollen einen Schulabschluss machen können und nicht mehr als Wertstoffsammler auf Müllhalden, als billige Hausmädchen, Prostituierte oder Kriminelle ihren dürftigen Lebensunterhalt verdienen müssen.
Leimsüchtige, missbrauchte und misshandelte Kinder sollen erfolgreich rehabilitiert und wieder in die Gesellschaft eingegliedert werden. Ein grosser Landwirtschaftsbetrieb bietet Ausbildungs- und menschenwürdige Arbeitsplätze für die Bewohner der Gemeinde und ermöglicht ihnen ein einfaches, unabhängiges Leben ohne Armut, Gewalt, Alkohol- und Drogensucht und ständige Existenzangst ermöglichen....»

Zum Hilfswerk gehören eine Tagesschule, ein Bildungs- und Betreuungszentrum, ein Gesundheitsdienst, Projekte wie das Teenager-Mütter Schulprogramm, die Baumpflanzaktion und vieles weitere mehr.

(Textquelle: Webseite Island Kids Philippines)

Webseite Hilfsorganisation: www.islandkids.ch

Yvonne und Bruno Schwengeler

Hilfe zur Selbsthilfe in Rumänien

Einige Jahre nachdem der Diktator Ceausescu gestürzt war, brachte das Ehepaar Bruno (†) und Yvonne Schwengeler die christliche Zeitschrift „ethos" nach Rumänien. Die Armut, die Bruno Schwengeler dort antraf, erschütterte ihn. Deshalb rollten schon bald erste Hilfstransporte nach Craiova, damit Kinder Kleider und eine warme Mahlzeit pro Tag erhielten.

Das Ehepaar stellte jedoch bald fest, dass die Menschen dort mehr benötigten, als Lebensmittel und Kleider.

Vor allem sollte auch der Grundsatz „Hilfe zur Selbsthilfe" verwirklicht werden. Nachdem im Jahre 2000 die Stiftung „ethos open hands" christlich-soziale Osthilfe gegründet war, ermöglichten Spenden der Leserinnen und Leser der Zeitschrift „éthos", den Menschen in Rumänien mit grösseren Projekten zu helfen.

Die Gründung einer Baufirma brachte Familienvätern die dringend benötigte Arbeit. So wurden 27 Einfamilienhäuser, ein Schulhaus, ein Altersheim und ein Ärztehaus gebaut. In der Nähe von Craiova entstand ein grosser Landwirtschaftsbetrieb.

Der Betrieb einer Bäckerei und eines Kiosks ermöglichte es, Hilfsbedürftige mit Suppe, Gemüse und Brot zu versorgen.

Die Schreinerei erledigt verschiedenste Holzarbeiten. Das Team „Essen auf Rädern" bringt Hilfe zu Personen, die krank, behindert oder alt sind. Zu den Tätigkeiten des Hilfswerkes „ethos open hands" gehört im Weiteren der Besuch von Gefängnisinsassen, die Unterstützung von Altersheimbewohnern in der Stadt und der Unterhalt eines eigenen Heims für ältere Mitmenschen.

(Textquelle: Webseite „ethos open hands")

Webseite Hilfsorganisation: www.openhands.ch

Sabriye Tenberken

**Die Frau, die trotz grossem Handicap die Träume anderer
Menschen ermöglicht**

Sabriye Tenberken ist wegen einer Netzhauterkrankung seit ihrem
zwölften Lebensjahr völlig blind. Trotzdem studierte sie in Bonn
Tibetologie, Soziologie und Philosophie.

1997 reiste sie alleine nach Tibet. Dort lernte sie den Niederländer
Paul Kronenberg kennen. Zusammen gründeten sie 1998 das
Blindenzentrum Tibet "Braille Without Borders".

Sabriye Tenberken entwickelte zudem eine Blindenschrift für die tibetische Schriftsprache. Das "Braille Ohne Grenzen"- Trainings-Zentrum bereitet Kinder und Erwachsene auf ihr Leben in der Welt der Sehenden vor.

In Indien folgt die Gründung von „Kanthari" einem Führungstraining für Hoffnungsträger. Personen mit und ohne Handicaps bringen ihre Projekte mit und können sie dort auf „Herz und Nieren" prüfen lassen. Sie bekommen durch Sabriye Tenberken und ihr Team, die Unterstützung, die sie befähigt, ihre Träume und Visionen in ihrer Heimat umzusetzen.

Bisher haben 206 Teilnehmerinnen und Teilnehmer aus 45 Ländern, an Kursen dieser Traumwerkstatt teilgenommen haben. Sie gründeten später 130 Organisationen oder begannen mit sozialen Projekten.

(Textquellen: Wikipedia über Sabriye Tenberken und Webseite „braillewithoutborders")

Webseite Hilfsorganisation: www.kanthari.ch, www.braillewithoutborders.org/

Biografien: „Die Traumwerkstatt von Kerala"

ISBN Buch: 978-3-462-04717-2

„Mein Weg führt nach Tibet"

ISBN Buch: 978-3-462-04489-8

ISBN E-Book: 978-3-462-30598-2

Kurt Wenger

Der treue Freund der Holocaust-Überlebenden

Kurt Wenger gründete REA Israel. REA unterstützt verschiedenste Hilfswerke. Hier eine Auswahl der Projekte:

- "Christliche Botschaft Jerusalem", dieses Organisation kümmert sich in einem Heim um verarmte Holocaustüberlebende. CBJ ermöglicht auch, dass Juden nach Israel ausreisen können.

- Geholfen wird „Be'ad Chaim". Die gemeinnützige Organisation hat das Ziel, das Leben von ungeborenen Kindern zu schützen und schwangeren Müttern in schwierigen Lebenssituationen beizustehen.

- In Ashdod arbeitet REA Israel mit der Obdachlosenarbeit „Rescue in Israel" zusammen. Diese Organisation hilft Alkoholikern, Drogenabhängigen, Prostituierten und Bedürftigen. Neu gibt es ein Projekt für ein Frauenhaus.

- In Jordanien hilft REA einem Team, das sich um irakisch-christliche Flüchtlinge in Jordanien kümmert. Das Land gibt den Menschen zwar ein Aufenthaltsrecht, aber sie dürfen nicht arbeiten und auch sonst mangelt es an Unterstützung in diversen Bereichen.

(Textquelle: Webseite REA-Israel)

Webseite Hilfsorganisation: www.rea-israel.ch

Julia Frei

Sie macht aus hoffnungslosen Flüchtlingen tatkräftige Visionärlnnen

Julia Frei hoffte als Sozialarbeiterin und unabhängige Beobachterin viel für Flüchtlinge in Asien tun zu können. Da sie kaum etwas bewirken konnte, gründete sie 2014 zusammen mit ihrer Mutter Monika Frei und ihrem Ehemann Bradly Short die Hilfsorganisation „Same Skies".

Auch in Asien herrscht ein grosses Flüchtlingsproblem. Menschen aus Afghanistan, Pakistan, Iran oder dem Irak versuchen alles, um nach Australien oder Neuseeland zu gelangen.

Doch die meisten bleiben irgendwo auf der Transitroute „hängen".
Dort werden sie verfolgt oder bestenfalls geduldet. Unterstützung
erhalten sie kaum. Zugänge zu Bildung und medizinischer
Versorgung sind begrenzt. Arbeit gibt es nicht.

Die Hilfsorganisation geht alle diese Probleme an.

In Workshops lernen die Menschen, dass es in ihren
Gemeinschaften genug Gaben gibt, damit sie selbst an einer
lebenswerten Zukunft arbeiten können.

Durch die Rekrutierung von tatkräftigen und visionären Flüchtlingen,
Anschubfinanzierungen von Gemeinschaftszentren, Betreuung,
Begleitung und Feldbesuchen hilft „Same Skies" bei der Umsetzung.

(Textquelle: Flüchtlings-Befähigungsprogramm"Der Landbote"
Interview von Deborah Stoffel mit Juli Frei, (30.6.2017))

Links: www.sameskies.org

David Togni

Ein Herz für Obdachlose

David Togni sagt: «Gott ist gut, egal wie die Situation ist.» So ein Satz ist leicht zu sagen, wenn man noch nichts Schweres im Leben durchmachen musste. Doch ihm nimmt man es ab, da er schon durch manch dunkles Tal gehen musste.

Angefangen hat es mit dem Tod seiner geliebten Schwester bei einem Zugsunfall. Sie war sein grosses Vorbild. Er verstand nicht, wie Gott so etwas hatte zulassen können.

David Togni verbannt Gott aus seinem Leben. Eine Karriere, die es ihm ermöglichte, bereits mit 20 Jahren einen eigenen Porsche zu fahren, wurde ihm wichtig.

2011 bekam David Togni Lähmungserscheinungen in den Beinen. Es folgten Arztbesuche, Operationen, ein Reha-Aufenthalt in Nottwil und der tägliche Konsum von Morphium. Da erkannte er, dass Geld und schöne Autos kein Garant für ein glückliches Leben sind.

An seinem Tiefpunkt rief er zu Gott. Gott schenkte ihm im Traum die Vision eines Modekonzeptes. Dies setzte er mit dem Label «Love Your Neighbour» (Liebe deinen Nächsten) um.

David Togni ist ein bekannter und erfolgreicher Modemacher geworden. Heute meint er sogar, dass ihn die Schmerzen zu einem besseren, glücklicheren Menschen gemacht haben.

Sein Herz schlägt für Menschen auf der Schattenseite des Lebens. Vor allem für Obdachlose. Er besucht und beschenkt sie mit T-Shirts, mit Lebensmittel oder hilft ihnen auf andere Weise. Dazu gibt er mehr als 12% seines Geschäftsgewinns für andere soziale Projekte aus.

(Textquelle: Blick/Dominik HugVideo Sendung Gott sei Dank/erf-MedienBiografie «Love Your Neighbour», Bildquelle: Love Your Neighbour)

Webseite Hilfsorganisation: www.loveyourneighbour.ch

Biografie: „Love your neighbour"

ISBN Buch: 978-3-7655-0965-0
ISBN E-Book: 978-3-7655-7459-7
ISBN Hörbuch: 9783765587696

Pranitha Timothy

Die mutige Stimme der Machtlosen in Indien

Pranitha Timothy wuchs in einer Missionarsfamilie auf. Sie konnte schon als Kind nicht verstehen, dass man Menschen einer niederen Kaste viel schlechter behandelte als sie und ihre Angehörigen, die einer hohen Kaste angehörten.

Als Collegestudentin stellte man bei Pranitha einen Gehirntumor fest. Bei der bevorstehenden Operation hatte sie nur eine 20%-ige Überlebenschance. Der Eingriff verlief gut, jedoch kann sie seitdem nur noch leise und undeutlich sprechen.

In Indien leben einige der reichsten Menschen. Dort herrscht aber auch eine unvorstellbare Armut.

Fast die Hälfte der Bevölkerung muss mit weniger als einem Euro pro Tag auskommen. Die Ärmsten des Landes leiden unter Menschenrechtsverletzungen wie Sklaverei oder Menschenhandel.

Millionen von Frauen, Männer und Kinder sind das Eigentum von Reismühlebesitzern oder sie müssen unter schlimmsten Bedingungen in Steinbrüchen, Ziegeleien, Textilfabriken oder auf Rosenfarmen arbeiten. Es gibt in Indien Gesetze, die diese Praktiken verbieten. Jedoch haben die Betroffenen weder das Geld noch die Macht, um sich dagegen wehren.

Pranitha Timothy setzte sich mit ganzer Kraft für Menschen ein, die auf der Schattenseite des Lebens stehen. Zuerst arbeitete sie als Sozialarbeiterin für schwer traumatisierte Kinder. Später kämpfte sie als Mitarbeiterin von IJM (International Justice Mission), oft unter Lebensgefahr, gegen moderne Sklaverei, Menschenhandel und Gewalt.

Damit ist Pranitha Timothy zur Hoffnung für Tausende geworden, deren Anliegen sonst niemand vertreten würde.

(Textquelle: Buch „Liebe ohne Grenzen")

Webseite Hilfsorganisation: www.ijm.org

Biografie: „Liebe ohne Grenzen"

ISBN Buch: 978-3-7751-5673-8

ISBN E-Book: 978-3-7751-7354-4

Alexander Blum

Die Zukunft der Müllhalden-Kinder liegt ihm am Herzen

Als Austauschstudent reiste Alexander Blum im Jahr 2000 nach Honduras. Die Situation der Strassenkinder beeindruckt ihn sehr. Er sieht, dass Drogenhandel, Bandenkonflikte, extreme Armut, Gewalt und Missbrauch das Leben vieler Kinder prägen.

2006 gründete Alexander Blum mit Hilfe von Familienmitgliedern und Freunden die Hilfsorganisation „Casa Girasol". Die Projekte heute:

Müllhalden-Kinder

Jede Woche werden rund 200 Mahlzeiten, Kleider, Gummistiefel und Hygiene-Artikel an die Kinder der Müllhalde von Tegucigalpa verteilt. Das Hilfswerk baut so Beziehungen und Vertrauen zu ihnen auf. Langfristig möchten sie deren Lebenssituation verbessern.

Kinderheim Diamante und Dorfarbeit

„Casa Girasol" ist Partner des Heims, in dem 50 Knaben wohnen. Weitere 100 Mädchen und Knaben werden in Familienprogrammen betreut. Die Ziele des Heims sind ein liebevolles Zuhause für die Kinder, eine gute Ausbildung und fördernde Lebensbegleitung. Dazu dienen auch die Camps und Weekends im Casa Girasol.

Workshops für Volontäre

Für diverse Arbeiten in und um die Casa Girasol sind Helferinnen und Helfer aus der Schweiz im Einsatz.

Baumpflanz-Aktion

Im Rahmen der Kampagne „Plant for the Planet" möchte der Verein bis 2025 rund 100'000 Bäume in Tegucigalpa und Umgebung pflanzen. Den betreuten Kindern soll damit auch der Schutz und die Pflege der Natur nähergebracht werden.

(Textquelle: Webseite von Casa Girasol)

Webseite Hilfsorganisation: www.casagirasol.ch

Katja Reichstein

Sie ermöglicht behinderten Kindern eine eigenständige Zukunft

Katja Reichstein unternahm 2008 in Südamerika eine Fahrradreise. Dabei sah sie das Schicksal der körperbehinderten Kinder und Jugendlichen in Peru. Als sie Institutionen unterstützen wollte, die sich um solche Mädchen und Knaben kümmern, fand sie keine. Daher beschloss sie, selber aktiv zu werden.

Zusammen mit ortsansässigen Personen gründete sie die Hilfsorganisation „Winay". Das Projekt bietet behinderten Kindern ein auf ihre Bedürfnisse eingerichtetes Zuhause. Die Kinder sollen familiäre Wärme und Geborgenheit erfahren.

Im Kinderheim, welches später gebaut wurde, gibt es mangels guten Alternativen eine eigene Schule. Im weiteren Physiotherapie sowie Musik-, Gesangs-, Werk- und Handarbeitsunterricht.

Auf der Internet-Seite steht weiter: „..Ziel der Initiative ist es, den Kindern den Weg in die Selbständigkeit zu ermöglichen, damit sie einmal als unabhängige und verantwortungsbewusste Menschen leben und sich dann evtl. selber für die Bedürfnisse benachteiligter Menschen einsetzen können…"

(Textquelle: Webseiten von "winay" und Studiosus Foundation)

Webseite Hilfsorganisation:

www.winay-cusco.org

www.studiosus-foundation.org

Georges Brogle

Ein kleines Dorf bringt vielen Menschen Hoffnung

Georges Brogle hat vor 20 Jahren das Hilfswerk „Rumänienhilfe Wegenstetten" gegründet. Im bitterarmen Nordosten Rumäniens, unmittelbar an der Grenze zur Ukraine, liegt das Einsatzgebiet der Hilfsorganisation.

2004 wurde mit Spendengeldern in Falcau ein Haus gekauft. Jetzt ist es die Praxis eines Allgemeinmediziners. Eine Augenoptiker empfängt Patienten und es werden dort Hilfsgüter gelagert. Gut eingerichtet ist man auch für Zahnbehandlungen.

Bei Einsätzen in den Bezirken Suceava und Botoşani verteilt „Rumänienhilfe Wegenstetten" eingekaufte Lebensmittel an bedürftige Menschen. Ältere und arme Menschen bekommen zudem Gehhilfen, Kleider, Geld, Spielsachen, Decken und vieles weitere mehr.

Unterstützt werden im Weiteren zahlreiche soziale Einrichtungen für Behinderte und ältere Personen.

Die Bildung der Menschen wird mit einfachen Mitteln, wie der Spende von Nähmaschinen und deren Schulung gefördert.

(Textquelle: Video „La Multi Ani - Lang sollst Du leben")

Webseite Hilfsorganisation: www.rumaenienhilfe.ch

Vanja Crnojević

Sie bietet unbegleiteten Flüchtlingskindern eine Oase

Vanja Crnojević ist selbst ein Flüchtlingskind. 1991 kam sie mit ihren Eltern aus Bosnien in die Schweiz. Ein Fernsehbericht über die Flüchtlingskrise und die elende Situation der Menschen in Serbien und Griechenland traf sie tief. Freunde gaben ihr Fr. 2'000.--. Damit reiste sie nach Serbien, um zu helfen. Von dieser Reise zurückgekehrt, gründete Vanja Crnojević zusammen mit ein paar Freundinnen den Verein „Borderfree Association".

Seither gibt es zahlreiche Projekte, die von „Borderfree" betreut oder mitgetragen werden. Ein Bus zur Betreuung von schwangeren Frauen, jungen Müttern und deren Kindern ist unterwegs. Eine mobile Zahnklinik ermöglicht notwendige Behandlungen.

Auf Wunsch der Flüchtlinge spielen Knaben und Mädchen begeistert mit einem Trainer Fussball. Computerkurse helfen, die Monotonie des Flüchtlingsalltags zu durchbrechen. In Preševo (Serbien) steht ein Gemeinschaftscenter mit einem Internet- und Büchercafé. Nachmittagsprogramme gibt es sowohl für Frauen wie auch für Männer.

Kinder und Jugendliche, die alleine geflüchtet sind, sind besonders gefährdet. Da diese oft unter den Folgen von traumatischen Erlebnissen leiden, kann man ihren Bedürfnissen in den Camps zu wenig Rechnung tragen. Deshalb wird für 15 Kinder ein Heim in Serbien eröffnet. Auch hier schliesst „Borderfree" eine wichtige Lücke im Betreuungsangebot.

(Textquelle: www.border-free.ch; www.pszeitung.ch/unterstuetzung-jenseits-der-grenzen, www.frauenzentrale-zh.ch/resources/vanja.pdf Bildquelle: ©giovannadelsarto)

Webseite Hilfsorganisation:www.border-free.ch

Mark Kuster

Kopf und Herz für Kuba

Mark Kuster hat das Hilfswerk „Camaquito" 2001 gegründet. Seit 2003 wohnt und leitet er als Geschäftsführer die Projekte auf Kuba.

Die Projekte:

- 1'700 autistische Kinder profitieren davon, dass in Camagüey Spezialschulen und Kindergärten renoviert und bei Bedarf ausbaut werden.

- „Camaquito" ist überzeugt, dass Sport ein wichtiges Mittel zur nachhaltigen Entwicklung von Kindern und Jugendlichen ist. Mit "viva el fútbol" wird Tausenden von Knaben und Mädchen der Zugang zum Fussballspiel ermöglicht. Dies auch mit Unterstützung der FIFA.

- In der Provinz Camagüey hilft „Camaquito" kulturellen Einrichtungen. Beispielsweise einem Kindertheater, dem renommierte Ballet de Camagüey, dem Café Literario sowie dem Kinder- und Jugend-Sinfonie Orchester. Nebst der künstlerischen Ausbildung steht die nachhaltige persönliche Entwicklung der Kinder im Vordergrund.

- Das Hilfswerk unterstützt das Rehabilitationszentrum "Jardín de sueños" für behinderte Kinder und Jugendliche in Camagüey.

- "Camaquito" ermöglicht umfangreichen Renovationsarbeiten in der Entbindungsklinik von Camagüey. Hier werden jährlich 6'500 Kinder geboren und 60'000 Frauen gynäkologisch betreut.

- Das 1927 erbaute Kanalisationssystem der Stadt Camagüey ist sanierungsbedürftig. „Camaquito" unterstützt und hilft der Verwaltung, die für den Unterhalt des Wasser- und Abwassersystems verantwortlich ist.

- Mit dem zukünftigen Projekt „EL SUEÑO DE UN HOGAR" wird das Verständnis zwischen Mensch und Umwelt gefördert. Beginnen wird man in der Primarschule "Enrique J. Varona".

(Textquelle: Webseite von Camaquito)

Webseite Hilfsorganisation: www.camaquito.org

Maria Constanti

Helfen Sie helfen

Maria Constanti hörte 1996 einen Vortrag über die Armut in der Ukraine. Besonders beschäftigte sie, unter welchen schwierigen Umständen Mütter ihre Säuglinge grossziehen müssen.

Maria Constanti spendete Babykleider. Der Dank der Empfängerinnen berührte sie so sehr, dass sie begann, Babykleider für bedürftige Mütter in der Ukraine zu sammeln. Immer mehr Leute halfen ihr dabei.

Drei Jahr später gründete Maria Constanti den Verein „Helfen Sie helfen". Aus einer kleinen Aktion ist in den vergangenen zwanzig Jahren eine mittlere Hilfsorganisation entstanden.

Unterstützt werden Kooperationspartner in der Ukraine, Rumänien, Bosnien-Herzegowina, Lettland, Äthiopien und den Philippinen. Zu den Vereinszielen gehören: Die Grundbedürfnisse von Armen zu lindern. Dafür besorgt zu sein, dass die Schulen gut ausgebildete Lehrpersonen erhalten und genügend Schulmaterialien vorhanden sind.

Bildung hilft den Kindern aus der Armutsfalle zu kommen und gibt ihnen die Hoffnung auf eine bessere Zukunft. Damit gewinnt eine ganze Familie.

Neben Familien unterstützt „Helfen Sie helfen":

- Spitäler

- Alters-, Kinder- Behinderten- und Pflegeheime

- Spitex-Organisationen

- ein Rehabilitationszentrum für ehemalige Drogenabhängige

- eine Gemeinschaft, die vergewaltigten und missbrauchten Frauen und Kindern hilft

- ein Geburtshaus

(Textquelle: Webseite „Helfen Sie helfen"

Webseite Hilfsorganisation: www.helfensiehelfen.ch

Hans-Rudolf Hintermann

Er hilft dort, wo die Armut am grössten ist

Hans-Rudolf Hintermann wird 1980 aus kommunistischen Staaten gefragt, ob man christliche Literatur und Hilfsgüter bringen könnte. Mit Hilfe von Kundinnen und Kunden des Hintermann-Verlages gelingt dies.

Aus der spontanen Nothilfe entstand 1983 das Hilfswerk «Diaconia Internationale Hilfe/Der Ostkurier»

Hilfe zur Selbsthilfe und schnelle Nothilfe sind auch heute noch die Eckpfeiler der Arbeit von Diaconia. Unabhängig von Herkunft oder Religionszugehörigkeit bekommen hier Menschen Unterstützung.

Das von Hans-Rudolf Hintermann geleitete Hilfswerk hat seine Schwerpunkttätigkeit in Rumänien, Armenien, Albanien und Spanien. Kleinere Projekte gibt es in Nepal, Russland, Südamerika und seit 2017 in Indien.

Patenschafts-Programme ermöglichen über 7'000 Kindern, die durch Kriegshandlungen, Naturkatastrophen oder durch Armut mit enormen Problemen zu kämpfen haben, eine menschenwürdige Zukunft. Sie gehen zur Schule, erhalten Essen und werden im Notfall medizinisch betreut.

Können medizinische Eingriffe in den Herkunftsländern nicht vorgenommen werden, ermöglicht Diaconia Behandlungen in der Schweiz oder in einem anderen Land.

Das Tätigkeitsgebiet von Diaconia ist sehr vielfältig. Armutsfamilien erhalten Tiere zur Selbstversorgung. Wenn nötig, werden Medikamenten- und Behandlungskosten übernommen. Es wird Mithilfe bei Hausbau- oder Renovationen geleistet. Altersheime bekommen Hilfsgüter aller Art, Bedürftige Lebensmittel usw.

(Textquelle: Hilfsorganisation „Diaconia")

Webseite Hilfsorganisation: www.diaconia.org

Hélène Vuille

Die Frau, die Gräben überwinden und fremde Welten verbinden kann

Hélène Vuille sieht 1998, dass kurz nach Ladenschluss in einer Migros-Filiale Tagesfrischprodukte entsorgt werden.
Mit Beharrlichkeit erreicht sie, dass ihr solche Lebensmittel in den kommenden Tagen ausgehändigt werden. Dankbare Empfänger sind 33 Männer von einem Caritas-Hospiz.

Als Hélène Vuille weitere Filialen in die Aktion einbeziehen möchte, legt sich die Migros quer. Nach 13 Jahren harten Ringens lenkt der orange Riese ein. Sie erlauben Frau Vuille, dass sie Tagesfrischprodukte aus jeder Filiale der Zürcher Genossenschaft an bedürftige Menschen verteilen darf. Später kommt auch die Migros Genossenschaft Aare dazu.

Heute werden in der Stadt Zürich 11 Obdachlosenheime beliefert. Thalwil, Birmensdorf, Dietikon und Bülach stellen bedürftigen Menschen zusätzlich an mehreren Abenden der Woche solche Essenwaren zur Verfügung.

Während das Caritas-Hospiz seit 21 Jahren von Hélène Vuille und ihrer Familie beliefert wird, verteilen freiwillige Fahrerinnen und Fahrer weitere Produkte an andere Institutionen.

Hélène Vuille ist der direkte Kontakt zu den Obdachlosen und bedürftigen Mitmenschen wichtig. Gerne sensibilisiert sie auch Schülerinnen und Schüler für die Sorgen und Nöten von Armutsbetroffenen.

(Textquelle:Biografie „Die Brückenbauerin",Webseite von Hélène Vuille; Bildquelle: © AZ Limmattaler Zeitung)

Webseite Hilfsorganisation: www.helenevuille.ch

Biografie: „Die Brückenbauerin"

ISBN Buch: 978-3-03763-070-9

ISBN E-Book: 9783037636039

Ruedi Tobler

Viel Lebensqualität dank Sonnenenergie in Äthiopien

Ruedi Tobler, Gründer und Präsident des Vereins „Sahay Solar" hat
mit seinem Team und den einheimischen Mitarbeitern viel
Lebensqualität in die ärmeren Regionen von Äthiopien gebracht.

Seit 2010 fördert der Verein „Sahay Solar" hier Photovoltaik-Projekte.
Er unterstützt die Ausbildung von Lehrpersonen und Studierenden
und begleitet die Installation von Solaranlagen für Schulen und
Krankenstationen.

Die Tessiner Fachhochschule und die Hochschule Luzern sowie die Technische Universität von Arba Minch in Äthiopien helfen „Sahay Solar" mit ihren Forschungskenntnissen.

Bisher wurden 15 Krankenstationen für ein Einzugsgebiet von 350'000 Einwohnern mit Solarstrom ausgestattet. In den Bergen des Rift Valleys profitieren 10'000 Schulkinder vom Licht und Strom der Sonne.

Zusätzlich sollen 50 Rural Health Centers (Gesundheitszentren) in Süd-Äthiopien mir Solarstrom versorgt werden.

Bisher besuchten über 400 Bachelor- und Masterstudierende sowie Lehrpersonen aus ganz Äthiopien einen Basiskurs in Photovoltaik. Bereits 33 Studierende absolvierten einen Ausbildungskurs als Solar-Planer.

(Textquelle: Webseite des Vereins Sahay Solar)

Webseite Hifsorganisation: www.sahay-solar.org

Damaris Kofmehl

Jeder Mensch, egal was er getan hat, hat eine zweite Chance

Damaris Kofmehl ist eine Erfolgsautorin, wie sie die Schweiz noch nie hatte. Mit 15 Jahren schrieb sie ihr erstes Buch. Bis heute sind von ihr über 30 Lebensgeschichten und Romane erschienen. Durch ihre Biografien ziehen sich die Schicksale der Kinder, Frauen und Männer wie ein roter Faden durch. Alle haben eine traurige und erschütternde Vergangenheit hinter sich. Die Zukunftsperspektiven dieser Menschen sind mehr als düster. Doch dann kommt es zur Lebenswende.

Sei es bei der Mehrfachmörderin Shannon, welche zur Sozialarbeiterin und Betreuerin von Strassenkindern wird. Oder dem Hooligan Jan, dem Bankräuber Django – dem meistgesuchten Mann Perus, dem Bad Cop Robert oder dem Dealer Rico.

Neben den Büchern «brennt» das Herz von Damaris Kofmehl für Jugendliche. In der Schweiz, Deutschland und Österreich umschreibt sie ihre Ziele wie folgt: «Wir setzen uns dafür ein, dass Menschen, die aus einem destruktiven Lebensstil kommen, frei werden und lernen, im Sieg und in der Kraft des lebendigen Jesus Christus zu leben. Dies geschieht durch unsere vielfältigen Online-Dienste, persönliche Ermutigungen, Gefängnis- und Schulbesuche, Jugendtreffs, Jugendcamps und Auftritte, sowie durch unsere Bücher und CD's.»

Daneben unterstützt sie Projekte in Angola, Brasilien und Uganda.

(Textquelle: Webseite Damaris Kofmehl)

Webseite: www.damariskofmehl.org

Eines ihrer zahlreichen Bücher:

„Der Bankräuber/Shannon" (Zwei Bücher in einem Band)

ISBN Buch: 978-3-7751-5943-2

Roy Gerber

Ein Versprechen an ein kleines Mädchen verändert sein Leben radikal

Mit Sätzen wie: „Aus dir wird nie etwas.", wächst Roy Gerber auf. Eine Karriere als Top-Verkäufer wendet sein Leben. In den USA führt der Schweizer bald drei Firmen gleichzeitig.

Als eine Liebesbeziehung zerbricht, merkt er, dass er nicht glücklich ist. Sex, Geld und Alkohol hatten ihm eine falsche Zufriedenheit vorgegaukelt.

Zufällig besucht er eine Party für sexuell misshandelte Kinder. Sein Hund „Ziba" wird dort der Liebling der Kinder. Deshalb hilft Roy Gerber später in einem Ferienlager für traumatisierte Kinder mit.

Beim Abschied bittet ihn ein kleines Mädchen: „Versprich mir, dass du dich zusammen mit „Ziba" um Kinder wie mich kümmerst. Wir brauchen Menschen wie dich, - die sich für uns einsetzen." Seine Zusage verändert sein Leben radikal.

Er verschenkt zwei Firmen. Beim Verkauf seiner dritten Firma wird er betrogen.

Roy Gerber wird ein Pastor für besondere Menschen. Er trifft sich mit Junkies und Obdachlosen, Sterbenden und Kranken, Athleten, Millionären, Katastrophenopfern und einsamen Pensionären.

Unerwartet wird er Leiter im „Sozialwerk Pfarrer Sieber". Roy Gerber betreut dort die „Sonnenstube", die Notschlafstelle und ist als Gassenarbeiter unterwegs.

Später springt er ins „kalte Wasser". Ohne finanzielle Absicherungen arbeitet er nun für seine privaten Projekte „Be Unlimited" und „Kummer-Nummer".

Kinder und Erwachsene, welche sich in Not (z.B. bei sexuellem Missbrauch) oder sonst in Schwierigkeiten sind, finden hier Hilfe.

(Textquelle: Biografie „Mein Versprechen" Webseite von „beunlimited")

Webseite Hilfsorganisationen:
www.beunlimited.org
www.kummernummer.org

Biografie: „Mein Versprechen"
ISBN Buch: 978-3-03848-162-1
ISBN E-Book: 9783038485261

Lotti Latrous

AIDS-Kranken eine lebenswerte Zukunft schenken

Lotti Latrous kam durch ihren Mann, er war Direktor eines internationalen Nahrungsmittelkonzerns, in die Elfenbeinküste. Sie lebte ein privilegiertes Leben mit Chauffeur und Koch. Nach zwei Jahren in Abidjan begann sie im „Mutter Teresa-Krankenhaus" zu arbeiten. Das Elend der Leute beeindruckte sie so stark, dass sie beschloss, im Slum ein Ambulatorium zu bauen. Als ihr Mann versetzt wurde, blieb sie und arbeitete weiter im Elendsviertel. Abgesehen von gelegentlichen Besuchen ihrer Familie war ihr Lebensmittelpunkt nun in Abidjan.

Aus Altersgründen und wegen gesundheitlichen Problemen ist sie seit 2012 nicht mehr das ganze Jahr in der Elfenbeinküste. Ein gutes Team hilft ihr bei der Arbeit.

Ein paar Projekte von Lotti Latrous:

Im Ambulatorium werden jährlich durchschnittlich 25'000 Allgemeinkonsultationen durchgeführt und über 4'000 Aids-Patienten behandelt. Sie erhalten sowohl ihre Therapien und sämtliche Labor-Analysen gratis.

Im Hospiz finden alte, schwer behinderte und pflegebedürftige Menschen ein angenehmes Zuhause. Dort werden sie bis zu ihrem Lebensende liebevoll betreut.

Das Kinderheim bietet Platz für 50 Kinder. Die Jüngsten kommen im Babyalter ins Heim. Sie können so lange bleiben, bis sie eine Berufslehre oder ein Studium absolviert haben.

(Textquelle: Webseite von Lotti Latrous)

Webseite Hilfsorganisation: www.lottilatrous.ch

Biografie: „Lotti Latrous"

ISBN Buch: 978-3-9523213-5-5

ISBN E-Book: 9783037635124

Stephan Maag

Leben mit Ex-Häftlingen und Flüchtlingen

Karriere, Drogen, Besitz und Frauen bringen Stephan Maag nur eine innere Leere. Warum also nicht Gott eine Chance geben? Das aber mit viel Power!

Als Jugendlicher kann Stephan Maag mit der Kirche und dem Christentum nichts anfangen. Er nimmt Drogen und sein Vorbild ist Che Guevara.

Fremdes Eigentum sieht er als Selbstbedienungsladen an. Gleichzeitig zwei Freundinnen zu haben ist kein Problem für ihn. Mitte 20 denkt er an Suizid. Dann probiert er es mit Beten. Als er dann sein Leben wir einen Film an sich vorbeiziehen sieht, vollzieht er eine Lebenswende.

Den neuen Weg lebt er nicht nur in Gedanken, sondern auch mit Taten. Er stellt sich in die Hauptgasse einer grossen Stadt und liest laut aus der Bibel vor und predigt. Später zieht er mit Gleichgesinnten das Interesse von Passanten mit Flashmobs an.

Es folgt eine „Gassenweihnacht", die Verbreitung des Evangeliums mit Ross und Wagen, die „See-Taufe" einer Zufallsbekanntschaft, die spontane Christen-Taufe am Löwendenkmal in Luzern, die Jesus-Kreuzigung – nachgespielt – in Zürich, die Tretboot-Aktionen mit einem Jesus-Banner, die Stau-Aktion auf der Gotthardstrasse, die Nun*-Banner-Aktion an Zwinglis-Grossmünster in Zürich usw. (*Nun ist ein Zeichen, mit denen verfolgte Christen in Verbindung gebracht wird).

Er und seine Familie wohnten auch mit entlassenen Strafgefangenen und Flüchtlingen zusammen.

Heute leitet Stephan Maag in Rüti bei Riggisberg ein Haus für Begegnungen.

(Textquelle: Biografie: „Ungezähmt für Jesus", Bildquelle: © ALPHAVISION, FENSTER ZUM SONNTAG)

Webseite Hilfsorganisation: www.fingerprint.li
www.gebetshausgantrisch.ch

Biografie „Ungezähmt für Jesus"
ISBN Buch: 978-3-7751-5762-9

Asya Kyburz

Ihr Herz schlägt für Armenien

Asya Kyburz liebt ihre Heimat Armenien. Schwierige politische
Umstände und Gewalt in der Familie zwingen sie dazu, Armenien
schweren Herzens zu verlassen. Zusammen mit ihren zwei Söhnen
flüchtet sie in die Schweiz.

Hier fühlt sie sicher und daheim.

Trotzdem ist der Anfang schwierig. Die Behörden machen ihr klar, dass sie nicht bleiben darf. Man verweigert ihr einen Deutsch-Kurs. Damit soll verhindert werden, dass sie in der Schweiz Wurzeln schlägt. Sie findet auch kaum Anschluss und leidet unter Verletzungen der Vergangenheit und den traumatischen Erfahrungen auf der Flucht.

Dann stirbt bei einem Autounfall auch ihr Sohn. Asya Kyburz ist verzweifelt. Sie klagt Gott an und denkt, er bestrafe sie.

Durch einen 96-jährigen Mann kommt sie zu einer lebendigen Beziehung zu Jesus/Gott. Dann lernt sie ihren heutigen Mann Daniel Kyburz kennen und lieben. Sie darf in der Schweiz bleiben und ist nun glücklich.

Trotzdem vergisst Asya Kyburz nicht, wie schwer es die Leute in ihrer alten Heimat haben. Sie gründet mit ihrem Mann das Hilfswerk «Licht in Armenien». Dieses umfasst beispielsweise ein Tagesbetreuungszentrum für 30 Kinder, unterstützt bedürftige Familien in Gyumri und fördert den christlichen Glauben.

(Textquelle: Interview ERF „MenschGott" mit Asya Kyburz, Biografie «Lebenssinn»)

Webseite Hilfsorganisation: www.licht-in-armenien.org

Biografie: „Lebenssinn"

ISBN Buch: 978-3-943362-35-0

Torsten Hartung

Vom Autoschieber-Chef zum Betreuer von ehemaligen Häftlingen

Torsten Hartung sagte von sich: „Ich kenne keinen bösartigeren Menschen als mich selbst."

Seine Eltern vermitteln ihm kein Selbstwertgefühl. In der Schule ist er immer das Opfer. Einmal hat er genug und wehrt er sich. Zwei Schüler schlägt er nieder. So erhält er die Achtung, die ihm bisher niemand gab.

Als Jugendlicher ist Torsten Hartung ein stadtbekanntet Schläger. Mit 17 muss er zum ersten Mal ins Gefängnis, mit 19 wieder.

Als ihm eine Chance zu einer Lebenswende misslingt, wird er zum Chef des grössten Autoschieber-Rings Europas. 18 Monaten lang klaut er Luxusautos und verschiebt sie. Er wird zum Mörder und kommt in Untersuchungshaft.

Christen sind für ihn alles „Spinner". Schon vor der Gefängniszeit hat er jedoch merkwürdige Erlebnisse mit Gott. In der Zelle sieht er dann sein verpfuschtes Leben vor sich und sucht nach einem Strohhalm für eine Umkehr. Er glaubt immer noch nicht an Gott, - trotzdem betet er. Nach einer verrückten Begegnung mit dieser ihm unbekannten Kraft, verändert er sich völlig. Niemand kann ihm in der U-Haft eine Straftat nachweisen. Nun belastet er sich selbst und gesteht alle Taten. Darauf wird er zu 20 Jahren Gefängnis verurteilt.

Heute hilft er jugendlichen Straftätern nach ihrer Haft wieder „Fuss im Leben" zu fassen.

(Textquelle: Biografie: Du musst dran glaubenERF Video „Mensch Gott" – Interview mit Torsten Hartung; Bildquelle: © Markus Pletz)

Biografie: „Du musst dran glauben"

ISBN Buch: 978-3-86334-029-2

Kerstin Hack
Leinen los

216 Seiten, Taschenbuch
Verlag: Droemer bene!
ISBN: 978-3-96340-028-5

Kerstin Hack erzählt, wie sie sich ihren persönlichen Traum vom
Leben auf einem Hausboot mitten in Berlin und von einem freien,
unabhängigen Lebensstil erfüllt hat.
Was zunächst einfach klingt, war ein langer und teils steiniger Weg.
Es gab mehr als eine Krise. Und auch Momente, in denen der Traum
vom guten Leben zu scheitern drohte. Lassen Sie sich von Kerstin
Hack mitnehmen auf eine authentische und emotional bewegende
Berg- und Talfahrt:
Ihre Geschichte macht Mut, seinem eigenen Traum zu folgen und
das scheinbar Unmögliche zu wagen. Auch, um daran zu wachsen

John Sherill
Die Zuflucht

240 Seiten, Taschenbuch, 2. Auflage
Verlag: R. Brockhaus
ISBN: 978-3-7751-5284-6

Corrie ten Boom, eine der bekanntesten Evangelistinnen die es bis zum heutigen Tag gegeben hat, baute im 2. Weltkrieg eine Untergrundorganisation zur Rettung von Juden und anderen Verfolgten auf. Nachdem sie verraten wurde, kommen sie und einige Angehörige in verschiedene Konzentrationslager. Corrie ten Boom überlebte mit viel Glück. Nach dem Krieg vertritt sie durch Vorträgen die Meinung, dass man jeder Person vergeben sollte. Sie nimmt das Wort Vergebung so ernst, dass sie sogar einem ihrer damaligen KZ-Wärter verzeihen kann.
Über Corrie ten Boom gibt es zahlreiche weitere Medien, darunter auch eBooks.

Lawrence Elliott
Der Mann, der überlebte
Der ehemalige Sklave der Tausende von weissen Farmern rettete.

240 Seiten, Taschenbuch, 5. Auflage, 62.000 Exemplare
Verlag: Aussaat
ISBN: 978-3-7615-5100-4

George W. Carver kennt weder Mutter noch Vater, weiss nicht einmal das Jahr seiner Geburt. Er wird als Neger und Sklave zu Beginn des blutigen Bürgerkrieges geboren. Heute halten ihn viele für den beachtenswertesten Amerikaner aller Zeiten!

Ein USA-Präsident schreibt, er betrachte es als eine grosse Ehre, George W. Carver persönlich bekannt zu haben. Aus einem armen, unscheinbaren Sklaven wird der Retter von Hunderttausenden von weissen Bauern.

Bethany Hamilton
Soul Surfer
Eine Surferin verliert den Arm – aber nicht ihren Traum!

192 Seiten, gebunden
Verlag: Brunnen
ISBN: 978-3-7655-4282-4

Bethany Hamillton gehört zu den glücklichsten Teenagern auf der Welt. Sie wohnt auf der Trauminsel Hawaii und geht fast jeden Tag surfen. Sie gilt als die grosse Nachwuchshoffnung für den Profi-Surf-Sport. Doch dann wird sie beim Training von einem Hai angegriffen. Bethany verliert ihren linken Arm. Der Traum vom Surfen scheint ausgeträumt zu sein. Doch Bethany verliert nicht ihren Glauben an Gott und an sich selbst. Schon bald kämpft sie sich zurück an die Spitze der weltbesten Surfer.

Die Lebensgeschichte von Bethany Hamillton wurde auch verfilmt.

Christoph Fasel
Samuel Koch – Zwei Leben
Nach dem Unfall bei „Wetten dass…" - die Hoffnung aufgeben? Nie!

205 Seiten, gebunden, 4. Auflage
Verlag: SCM Hänssler
ISBN: 978-3-942208-53-6

Samuel Koch sitzt im Rollstuhl. Er ist vom Hals abwärts gelähmt. Er kann noch nicht mal alleine essen. Aber er kann denken und fühlen. Im Buch erzählt er von seinem Unfall bei „Wetten dass ..?" Davon, wie der Unfall geschiehah. Das ist der Augenblick, in dem sein zweites Leben beginnt: Schock, Verzweiflung, Schmerz und Wut. Doch er trifft die Entscheidung, nicht aufzugeben. Und an dem Glauben festzuhalten, der ihn trägt. Das radikal ehrliche Zeugnis eines jungen Mannes, der nichts mehr zu verlieren hat und nur noch gewinnen kann. Eine Geschichte, die uns lehrt, die Kostbarkeit des Lebens neu zu schätzen.

Christine Caine
Der Angst keine Chance
Mein Weg zu einem Leben ohne Furcht

256 Seiten, Taschenbuch
Verlag: Gerth Medien
ISBN: 978-3-86591-756-0

Wir alle stehen vor Herausforderungen, sehen uns mit schwierigen Situationen konfrontiert. Resignation und Angst machen sich breit. Christine Caine kennt das nur zu gut. Ungewollt und namenlos. So kam sie zur Welt. Missbraucht, diskriminiert, unterdrückt. Eindrücklich beschreibt sie, woher sie die Kraft nahm, nicht aufzugeben, und dadurch einen starken Glauben, frischen Lebensmut und ein weites Herz entwickeln konnte. Heute reist sie als Ermutigerin um die Welt.

Hanna Schott
Von Liebe und Widerstand
Magda & André Trocmé retten 3'000 Menschen

240 Seiten, gebunden, 2. Auflage
Verlag: Neufeld
ISBN: 978-3-86256-017-2

Ein französisch-russisch-italienisches Paar, das sich in New York
kennenlernt und nach Indien reisen will, um Gandhi zu treffen ...
Schon diese Geschichte wäre filmreif. Statt in Indien landen sie in
Frankreich, André als Pfarrer, Magda als Lehrerin. Als deutsche
Truppen Frankreich besetzen, eröffnen sich ihnen jedoch ungeahnte
Möglichkeiten, gerade weil sie am Ende der Welt leben. Wie aus
einem unscheinbaren Luftkurort ein zentraler Ort des Widerstands
wurde, erzählt Hanna Schott. Bis zum Ende des Krieges retten sie
3'000 Menschen vor dem sicheren Tod.

Michele Perry
Liebe hat ein Gesicht
Mitten unter Guerillas ein Waisenhaus eröffnen

220 Seiten, Taschenbuch
Verlag: Glory World
ISBN: 978-3-936322-53-8

Ohne linke Hüfte und linkes Bein geboren, ist es für Michelle Perry "normal", das Unmögliche zu erleben. Mit kaum mehr als dem Glauben an Gottes Verheissungen ging sie in den vom Krieg verwüsteten südlichen Sudan, und tat, was alle für verrückt hielten: Sie eröffnete mitten im Gebiet der Guerillas ein Waisenhaus. Spannend und erzählbegabt berichtet sie über ihre unvergesslichen Erlebnisse im Busch und von der Liebe und Gnade Gottes, die sie dort fand.

Christine und Christian Schneider
Himmel und Strassenstaub
Unser Leben als Familie in den Slums von Manila

318 Seiten, gebunden
Verlag: Brunnen
ISBN: 978-3-7655-1798-3

Da leben keine Europäer!, sagen die Einheimischen, als die Familie Schneider in die Slums von Manila zieht. Und doch werden Abfalldeponien und Wellblechhütten für viele Jahre ihr Zuhause. Der fesselnde Erlebnisbericht des Ehepaars erzählt von unzähligen spannenden Begegnungen mit Menschen, von Freundschaft und Verrat, von Schusswechseln auf offener Strasse und Überschwemmungen, von Gebeten, Träumen und Ängsten, von sinnlosem Sterben und sinnvollem Leben.

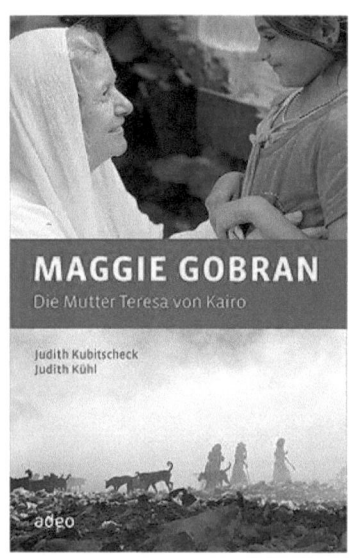

Judith Kühl / Judith Kubitscheck
Maggie Gobran
Die Mutter Teresa von Kairo

256 Seiten, gebunden
Verlag: adeo
ISBN: 978-3-86334-046-9

"Ich ging in den Luxushotels und Nobelrestaurants ein und aus, doch
die wertvollsten und kostbarsten Momente des Lebens habe ich nicht
dort erlebt, sondern in der Müllstadt. Ich traf während meiner Karriere
die Elite Ägyptens: die Schönsten, Reichsten und Erfolgreichsten.
Aber wenn meine Kinder mich mit ihren glücklichen Gesichtern
anstrahlen, sehe ich innere Schönheit aufblitzen. Für das Leben
unter den Ärmsten der Armen gab die ägyptische
Informatikprofessorin Maggie Gobran Karriere und Wohlstand auf.
Seit 25 Jahren setzt sie sich für die Menschen in den Slums von
Kairo ein.

Bezugsquellen Schweiz

www.exlibris.ch

www.fontis-shop.ch

www.dynamis.ch

www.weltbild.ch

www.orellfuessli.ch

Bezugsquellen Deutschland

www.thalia.de

www.scm-shop.de

www.weltbild.de

www.alpha-buch.de

Bezugsquellen Österreich

www.weltbild.at

www.cbz.at

www.thalia.at

Hilfsorganisationen

www.andheri-hilfe.de
Indien

www.openhands.ch
Rumänien

www.mercyships.ch
Medizinische Hilfe durch Schiffe

www.diaconia.org
Osteuropa und Indien

www.back-to-life.org
Geburtshäuser und Projekte in Nepal

www.eindollarbrille.de
www.onedollarglasses.ch
Brillen für Personen in Armut

www.diospi-suyana.de
Spital in den Anden

Hilfsorganisationen

www.smilinggecko.ch
Schweizer Wissen für Kambodscha

www.stiftung-indienhilfe.ch
Indien

www.medicamondiale.org
Hilfe für traumatisierte Frauen

www.rogerfedererfoundation.org
Schulbildung für Afrikas Kinder

www.brotzeitfuerkinder.com
Frühstück für Kinder in Deutschland

www.solwodi.de
Hilfe für Frauen in Not

www.teenranch.ch
Ferienhaus für Kinder in Rumänien

www.islandkids.ch
Philippinen

www.kanthari.ch
Traumwerkstatt für Projekte Weltweit

www.rea-israel.ch
Hilfe in Israel und Jordanien

www.sameskies.org
Flüchtlinge entwickeln eigene Projekte

www.loveyourneighbour.ch
Modelabel und Hilfe für Obdachlose

www.casagirasol.ch
Honduras

www.winay-cusco.org
Hilfe für behinderte Kinder in Peru

www.rumaenienhilfe.ch

www.border-free.ch
Unterstützung für unbegleitete Flüchtlinge

www.camaquito.org
Projekte in Kuba

www.helfensiehelfen.ch
Mütter in div. Ländern

www.helenevuille.ch
Lebensmittelverwertung in der Schweiz

www.sahay-solar.org
Solarstrom für Afrika

www.damariskofmehl.org
Jeder Mensch hat eine zweite Chance

www.beunlimited.org
www.kummernummer.org
Für Menschen in Not in der Schweiz

www.lottilatrous.ch
Schwarzafrika

www.fingerprint.li
www.gebetshausgantrisch.ch
Jesus für Alle

www.licht-in-armenien.org
Hilfe in Armenien

www.worldvision.org
Projekte Weltweit

www.lifewithoutlimbs.org
Mutmacher für alle Kontinente

www.

hoffnungstraeger-
weltweit.ch

www.

die-besten-Biographien.de